JONAS,
LE REQUIN ROSE

Directrice de collection :
Françoise Ligier

Révision :
Michèle Drechou
Maïr Verthuy

Illustrations intérieures :
Bruno Saint-Aubin

Maquette de la couverture :
Marie-France Leroux

Composition et mise en pages :
Mégatexte

L'éditeur a tenu à respecter les particularités linguistiques des auteurs qui viennent de toutes les régions de la francophonie. Cette variété constitue une grande richesse pour la collection.

Dépôt légal/2e trimestre 1991
Bibliothèque nationale du Québec
Bibliothèque nationale du Canada

Exclusivité France, Belgique, Suisse
Gamma Jeunesse
13, rue Raymond Losserand
75014 Paris, FRANCE
Téléphone : (1) 40.47.80.00
ISBN : 2-7130-1409-3

JONAS,
LE REQUIN ROSE

Yvon Mauffret

Collection Plus

dirigée par Françoise Ligier

Yvon MAUFFRET

Né la veille de Noël en 1927 à Lorient (France), Yvon Mauffret est breton, marin et écrivain.

Breton, il l'est parce qu'il est né à Lorient. Marin, on l'est de père en fils dans la famille d'Yvon Mauffret; il n'échappe donc pas à cette règle quand, très jeune, il s'embarque sur un cargo comme «écrivain de bord».

Après de longs voyages autour du monde et un séjour à Paris, il s'installe dans sa Bretagne natale où il écrit toujours de très belles histoires qui parlent de la mer.

Parmi les livres qu'il a publiés, on trouve les titres suivants:

Petites ruses et souris vertes, Une audacieuse expédition, Gildas de la mer, Pépé la Boulange, Kerguelen, Contes de Noël, Moi, Magellan, Le jardin des enfants perdus, Un homme à la mer.

C'est un requin et il s'appelle Jonas. Pas «les dents de la mer», non; pas un monstre, mais une belle bête tout de même, un fuseau noir de deux mètres de long avec, tout au bout, une grande gueule garnie de dents pointues.

Et si vous croyez que ça lui fait plaisir, à Jonas, d'être un requin, eh bien! vous vous trompez!

Mettez-vous à sa place (je sais, ce n'est pas facile, mais enfin, essayez!). Parmi tous les animaux qui peuplent notre vieille planète, il y a deux races qui sont haïes de tout le monde, des petits et des grands, des militaires et des bonnes d'enfants, des Bretons, des Sénégalais, des Canadiens, des Vietnamiens, des Brésiliens: il y a les loups sur terre, et les requins dans l'océan.

«Si tu n'es pas sage, je vais chercher le loup!» disent encore les mamans à leurs petits enfants désobéissants. Même si elles habitent au cœur d'une ville, au trente-huitième étage d'une tour, même si personne n'a vu de loup dans la région depuis cent ans ou mille ans!

Pour les requins, c'est pareil!

Sous les eaux de la mer, on trouve des pieuvres et des serpents géants, des barracudas, des murènes, des orques et des épaulards qui ont tous de bonnes dents, un solide appétit et qui croquent bien un homme ou deux, de temps en temps. Aucune importance, on leur

trouve des excuses, on dit que c'est la vie!

Par contre, dès qu'on parle de requins, ah! là! là!

«Des monstres», «des tueurs», des êtres sortis tout droit des enfers, cruels, assoiffés de sang. Le plus inoffensif des squales (et il y en a beaucoup!) est considéré comme l'ennemi public numéro un. Le plus petit morceau d'aileron et c'est la panique, le «sauve-qui-peut», la débandade.

Jonas, le requin dont je vous parle, trouve cette situation trop injuste. Il en a assez!

Parce que, justement, Jonas fait partie d'une de ces très nombreuses espèces de requins qui ont absolument horreur de la viande fraîche, et qui ne se nourrissent que de plancton, c'est-à-dire de tous les petits animaux et végétaux qui flottent en permanence dans les eaux. Jonas filtre le plancton. Il s'en régale.

Mais toucher à un maquereau, à une morue, à un thon! Pouah!

À plus forte raison avaler un être humain. Quelle horreur! Jonas en a des nausées, rien que d'y penser!

Mais voilà, il a beau être végétarien, ou presque, il n'en est pas moins un requin, coupable de tous les crimes de la mer.

Il en a assez, assez!

Non loin de la grotte où il demeure, vit une colonie de marsouins. Ah! ceux-là! Autant les hommes détestent les requins, autant ils adorent les marsouins, et Jonas se demande bien pourquoi. Des snobs, des poseurs, des sauteurs, voilà ce qu'ils sont à ses yeux. Toujours en train de faire les malins, de se mettre en valeur. Dès qu'un bateau est signalé à la surface, les marsouins remontent en bande, se mettent à jouer dans le sillage, à bondir hors de l'eau, à frétiller de la queue. Et ça marche! Les humains applaudissent, leur lancent des poissons, les appellent par de gentils petits noms. Ce sont leurs chouchous, quoi!

Remarquez qu'à force de se rendre intéressants, parfois ça tourne mal pour eux. Les hommes les capturent (oh! avec mille tendresses, mille précautions) et les enferment dans des sortes de zoos marins (des «marinelands», disent-ils) et là, les marsouins pour gagner leur pitance de poissons doivent faire les clowns sans arrêt. Jamais Jonas n'acceptera une situation aussi dégradante.

Les hommes disent aussi que ce sont des poissons surdoués, presque aussi intelligents qu'eux-mêmes, alors que, bien sûr, ils trouvent les requins complètement idiots.

Injustice! Injustice!...

Au début, quand il n'était encore qu'un «requinot» naïf,
Jonas a pensé qu'il suffirait de
les imiter pour que tout s'ar-
range.

Mais l'expérience a été
cruelle, et l'a profondément
marqué.

«Voilà, se dit-il, s'il suffit de
faire des tours de cirque, de
sauter hors de l'eau, de gamba-
der sur les vagues, ça ne doit
pas être tellement difficile. En
tout cas, je vais essayer!»

Non loin de chez lui – enfin à
quelques centaines de kilo-
mètres, mais c'est bien peu
pour un requin – il y a un
endroit où les hommes se

réunissent par milliers. Ils appellent ça une plage.

Ils arrivent à la belle saison, se dépouillent de leur peau d'hiver et s'élancent vers la mer, où ils se prennent pour des poissons. Les marsouins souvent vont leur rendre visite et tous, petits et grands,

hommes, femmes et enfants, les accueillent avec des cris de joie.

C'est là-bas que Jonas a décidé de se rendre, afin de pouvoir montrer à tout le monde, comme il est gentil lui aussi!

Il fonce droit au but, comme une torpille, puis parvenu près de la plage, il ralentit son allure. Une grande coquille nacrée repose sur les hauts-fonds. Jonas s'y mire, et ma foi il se trouve assez séduisant, presque beau, avec son museau noir, son corps effilé. Oui, après tout, il n'est pas si mal...

Un coup de nageoire et hop! il émerge au milieu des baigneurs et s'élance hors de l'eau,

assez lourdement, il faut bien le dire.

Naïvement, il s'attend à un triomphe... Les humains vont nager vers lui, ainsi qu'ils le font lorsqu'arrivent les marsouins; puis ils vont l'entourer et lui parler gentiment!

Oh! là! là! Quelle déception!

Un vieux monsieur qui fait la planche l'aperçoit le premier. Aussitôt son visage change de couleur, il bégaye tout en montrant le « monstre » du doigt...

- Au secours! Au secours! un requin!

Jonas, sûr de lui, et animé d'intentions pacifiques, ne se cache pas, tout le monde peut le voir. Il s'attend au paradis, c'est l'enfer, ou presque.

- Un requin, un requin! Alerte!

- Attention au monstre!

- Sauve-qui-peut!

Les bateaux chavirent, les grosses dames hurlent, les enfants boivent la tasse, les pêcheurs embrouillent leurs lignes, les grands-mères s'évanouissent sur la plage. C'est une panique comme rarement on en voit. Et Jonas, l'imbécile heureux, continue de faire le beau, de sauter comme il peut, d'ouvrir toute grande la gueule pour qu'on puisse admirer ses belles dents. Tout à coup, il aperçoit un bateau qui, au lieu de fuir comme les autres, se dirige au contraire tout droit vers lui.

«En voici qui comprennent enfin que je ne suis pas méchant!» pense Jonas. Et il les attend avec confiance.

Hélas! Hélas! Hélas!

Sur le bateau, il y a des hommes qui hurlent en le désignant.

Ils vont sans doute vouloir me donner du poisson, comme aux marsouins, se dit encore Jonas. J'ai horreur de ça, mais enfin pour leur faire plaisir j'essaierai d'en avaler un petit morceau.

Mais au lieu de poisson, c'est un harpon que les hommes lui expédient, un harpon tellement effilé qu'il est capable de transpercer l'épaisse peau d'un requin. Heureusement qu'ils ont peur et qu'ils visent mal.

- Tueur! Animal du Diable! Monstre! crient les hommes.

Jonas n'a que le temps de plonger.

Ulcéré, il regagne son domaine.

Jonas est triste, triste, à en pleurer.

Pour se venger il pourrait dévorer les hommes, devenir un tueur à son tour. Pourquoi pas?

*H*eureusement, dans sa solitude, Jonas peut compter sur la présence d'un ami.

Oui, heureusement il y a Barnaby.

Comme si le Bon Dieu, après avoir créé les êtres, et les plantes, et tout ce qui fait l'univers, s'était dit tout à coup: «Je n'ai pas été très gentil avec mes requins, j'ai même été plutôt injuste. Personne ne les aime. Je vais faire quelque chose pour eux.»

Alors, dans sa grande sagesse, il a décidé de créer une

dernière espèce de poissons... pas très jolie, non, noirâtre, avec une ventouse sur la tête...

- Vous vous appellerez «Rémoras», a dit l'Éternel, et vous vous attacherez aux requins, vous leur serez fidèles leur vie durant, vous ne les quitterez jamais.

Barnaby est le rémora de Jonas, et ils s'aiment bien.

Remonter le moral d'un requin en pleine déprime, ce n'est pas facile et c'est long.

- Allez Jonas, viens, nous allons faire un tour au cap Horn tous les deux!

- Trop froid, marmonne Jonas.

- Tu préfères la mer Rouge?

- Trop chaud!

- La baie de New York? Nous nous amuserons à compter les bateaux.

- Trop de monde.

- La grande fosse du Pacifique, alors?

- Trop profonde.

Heureusement que Barnaby a bon caractère et qu'il est patient!

*E*n cherchant dans sa tête-ventouse la bonne idée qui peut-être rendra la gaieté à son ami Jonas, Barnaby se souvient d'un atoll mystérieux dont lui avait parlé son arrière-grand-père.

«Si un jour, tu es trop triste, Barnaby, mon enfant, lui avait dit l'ancêtre, rends-toi à Pali-choulikoula. Tu m'en diras des nouvelles!»

Barnaby finit par décider Jonas.

- Palichoulikoula... Ici ou là! Qu'est-ce que ça peut bien me faire puisque personne ne

m'aime. Enfin, si cela te fait plaisir.

Ils se mettent en route. Le voyage dure longtemps. Barnaby n'a qu'une vague idée de la direction à prendre. Ils s'égarent à plusieurs reprises. Ils y parviennent enfin.

Ne cherchez pas Palichoulikoula sur les cartes. Vous ne le trouverez pas. C'est un atoll minuscule et qui émerge à peine des vagues. Mais au fond de la mer, c'est une merveille, une cathédrale de corail, une forêt d'algues, un grouillement de poissons plus colorés les uns que les autres...

- Ça te plaît, Jonas?

- Bof, ce n'est pas si mal!

Le long voyage a laissé au requin un creux à l'estomac. Il se met donc à avaler goulûment le plancton qui abonde en ces lieux.

- Très bon, finit-il par admettre ; vraiment délicieux!

Et Barnaby, accroché sur son dos, se réjouit. Puisque l'appétit revient, les choses vont s'arranger.

Peu à peu, en effet, loin des hommes, loin des marsouins, Jonas semble reprendre goût à la vie. L'eau est tiède et transparente, les coraux s'épanouissent comme des fleurs de rêve, et le plancton est vraiment succulent; jamais il n'en a mangé d'aussi bon.

- C'est une bonne idée que tu as eue là, de me faire connaître ce Palichoulikoula-là!

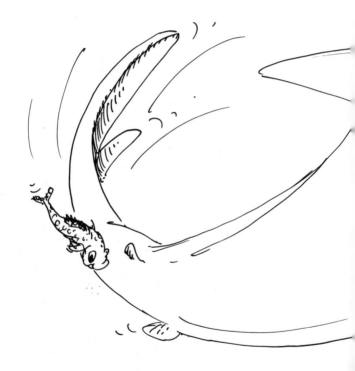

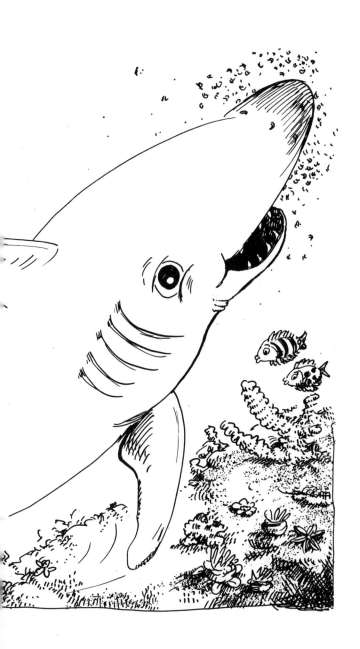

Barnaby ne s'en rend pas compte tout de suite, mais au bout d'une ou deux semaines, il commence à se poser des questions: il lui semble que Jonas change de couleur. Jusqu'alors, la robe de son ami était noire comme du jais, noire comme la fumée de l'enfer...

«Je rêve, ou quoi, se demande un jour Barnaby; Jonas a la peau de plus en plus claire?»

C'est vrai! Jonas devient tout d'abord gris souris, puis gris perle, avant de virer au blanc, carrément.

- Tu te rends compte, Jonas, dit Barnaby. Il y a déjà une baleine blanche qu'on appelle Moby Dick, mais un requin blanc! Tu deviens un être unique, mon vieux!

- Unique peut-être, maugrée Jonas, qui n'a pas tout à fait perdu son caractère morose, mais requin tout de même.

Il n'en continue pas moins à brouter son plancton!

De blanc un peu crémeux, il devient blanc comme neige, immaculé. Les poissons du lagon, bariolés de couleurs vives, viennent le voir comme on visite un monument.

«Un requin aussi blanc, on n'a jamais vu ça, vraiment!»

Jonas commence à être fier de lui.

Les choses pourraient en rester là. Mais voilà que, dans les semaines qui suivent, le blanc de la peau du requin évolue à nouveau et qu'il devient rose. Carrément rose. Pas rose bonbon, pas rose lilas, non un rose inimitable, léger, distingué. Rose comme une aurore sur la mer, rose comme le sommet d'une montagne, rose comme les joues d'un tout petit enfant... Rose bonheur, peut-être.

Dans la nature, on peut trouver des animaux tout blancs : les ours, les mouettes, et parfois les éléphants. Mais un requin rose, avouez qu'on n'a jamais vu ça. Jamais !

Pourtant, Jonas est rose; et à cause de ça, rien n'est plus comme avant.

Les poissons, les crabes, les coquillages du lagon, qui tout de même se méfiaient un peu de lui, même lorsqu'il était devenu blanc, viennent maintenant tous à lui, confiants, souriants.

- Salut Jonas! disent-ils.

- Bonjour l'ami!

- Viens jouer avec nous!

Jonas se sent aimé et cela le remplit d'une douce joie. Toute la rancune accumulée depuis des années fond au soleil.

- Tu te rends compte, dit-il à Barnaby. Je crois qu'ils tiennent à moi. Je crois que je suis leur ami.

Et Barnaby est bien content.

Pourtant un doute rôde encore dans l'esprit de Jonas. Ici à Palichoulikoula, personne n'a plus peur de lui. Mais qu'en est-il ailleurs dans le vaste monde?

Il veut savoir.

*A*lors Jonas et Barnaby reprennent la mer. Ils se dirigent tout droit vers la plage où jadis les hommes ont essayé de harponner Jonas. Justement les marsouins sont là, faisant leur cirque habituel, et les hommes, les femmes et les enfants les admirent.

Quand Jonas apparaît à la surface de l'eau, c'est le délire!

- Regarde, Maman, un gros poisson rose.

- Qu'il est joli...

Quelques peureux disent bien que ce gros poisson rose ressemble tout de même à un vilain requin. Heureusement personne ne les écoute. Un poisson rose, vous pensez, comment peut-il être dangereux?

S'il le voulait, Jonas pourrait terminer ses jours comme grande vedette d'un Marineland. Mais non! Il aime trop sa liberté.

Maintenant il sait qu'on l'aime, alors la solitude ne lui fait plus peur.

Je crois bien qu'il va retourner à Palichoulikoula.

Avec son vieux copain Barnaby.

Le plus de Plus

Réalisation : Dung Truong

*Une idée de Jean-Bernard Jobin
et Alfred Ouellet*

AVANT D'ENTRER DANS LE MONDE DE JONAS

Jonas sait voyager; et toi ?

Vrai ou faux ?

	V	F
1. La baie de New York se trouve sur la côte atlantique des États-Unis.		
2. Le cap Horn se trouve au pôle Nord.		
3. La mer Rouge se trouve dans la région du Moyen-Orient.		
4. Le Viêt-nam se trouve en Asie du Sud-Est.		
5. Le Sénégal se trouve en Amérique du Sud.		

Des mots utiles pour comprendre l'histoire de Jonas

Trouve la bonne réponse :

1. L'aileron de requin
   a) est servi dans les restaurants français avec des frites.
   b) est utilisé par les Américains dans la fabrication du savon.
   c) est utilisé par les Chinois dans la confection de plats gastronomiques.

2. On l'appelle communément «cochon de mer», c'est :
   a) le marsouin.
   b) la pieuvre.
   c) la baleine.

3. Le jais
   a) est un poisson noir et brillant.
   b) est un animal au pelage noir.
   c) est une pierre précieuse de couleur noire.

4. L'ours blanc
   a) vit uniquement dans des régions po-
      laires.
   b) est une espèce en voie de dispari-
      tion qui vit en Chine.
   c) est un ours qui a un collier blanc au-
      tour du cou.

5. La mouette
   a) est un oiseau blanc qui vit dans les
      régions montagneuses.
   b) est un oiseau blanc qui vit à proximi-
      té de l'eau.
   c) est un oiseau blanc qui vit dans les
      forêts.

Pour être presque aussi savant qu'Yvon Mauffret

Yvon Mauffret, l'auteur de *Jonas, le requin rose* est né et habite en France dans une région qui s'appelle la Bretagne.

Beaucoup de Bretons sont pêcheurs, marins, navigateurs, explorateurs (Jacques Cartier était breton) ; ils connaissent donc bien la mer. Et toi ?

Lis ces pages et tu seras très savant.

La mer

La mer est peuplée d'animaux variés : des poissons multicolores, des coquillages (huîtres, conques...), des crustacés (crevettes, langoustes, homards, crabes), des oursins, des coraux, des pieuvres, des étoiles de mer, du plancton microscopique, des mammifères comme les baleines et les dauphins, et de reptiles comme les tortues et les serpents.

Le requin

Il existe plus de deux cents espèces de requins dans les mers du monde. Les plus féroces sont : le requin blanc, le requin bleu, le requin-tigre et le requin-marteau. D'autres comme le requin-baleine, un géant, et la roussette, toute petite, ne sont pas du tout dangereux.

Sais-tu d'où vient le mot **requin** ? Il vient du latin « requiem » qui désigne la messe que l'on dit pour les morts. Cela montre la peur des humains à l'égard des squales.

En général, les requins sont d'excellents chasseurs, forts et rapides. Ils ont une mâchoire très puissante et des dents placées en plusieurs rangées parallèles. Lorsque les dents de la rangée extérieure sont abîmées ou tombent, elles sont tout de suite remplacées par celles de la rangée suivante. Ils peuvent détecter les odeurs à plus de deux cents mètres de distance et la vue du sang dans l'eau ou d'un animal blessé les met en état d'excitation. Les requins-baleines et d'autres espèces plus « pacifiques », se nourrissent de plancton ou de petits poissons.

Le rémora

C'est un petit poisson qui mesure de 30 à 90 centimètres. On l'appelle aussi poisson pilote car autrefois on pensait que le rémora guidait le requin dans la recherche de sa proie. Le rémora possède une tête en ventouse qui lui permet de s'attacher au squale et de l'accompagner dans tous ses déplacements. Grâce à sa ventouse, il débarrasse ce dernier de certains parasites qui recouvrent son corps. Outre sa fonction de nettoyeur, il a besoin du requin pour se déplacer rapidement. Seul, il ne peut pas atteindre la vitesse qui lui est indispensable pour respirer.

AU FIL DE LA LECTURE ET DU VOYAGE VERS PALICHOULIKOULA

Dix-huit questions pour arriver à Palichoulikoula

1. Quels sont les deux animaux qui font toujours peur aux enfants?

2. À quelle famille de poissons appartiennent les requins?

3. Que font les marsouins pour être aimés des hommes?

4. Que leur arrive-t-il souvent?

5. Qu'est-ce qu'un «Marineland»?

6. Si les hommes donnaient à Jonas du poisson, serait-il content?

7. Qu'est-ce que les hommes ont essayé de faire quand Jonas s'est approché pour la première fois de la plage?

8. Pourquoi l'ont-ils manqué?

9. Qui est Barnaby?

10. Pourquoi a-t-il voulu emmener Jonas à Palichoulikoula?

11. Que trouve-t-on en abondance à cet endroit?

12. Qu'est-ce qui, au fond de la mer, peut se comparer à des fleurs?

13. Avant de tourner au rose, comment était Jonas?

14. Quelle était l'attitude des autres animaux marins quand ils l'ont vu devenir rose?

15. Pourquoi Jonas et Barnaby ont-ils décidé d'aller faire un autre voyage chez les humains?

16. Quelle était la réaction des enfants en les voyant surgir en même temps que les marsouins?

17. Est-ce que tout le monde sur la plage était d'avis qu'un poisson rose ne pouvait pas être dangereux?

18. Jonas et Barnaby aimeraient-ils aller dans un «Marineland»?

Que tu es beau, Jonas !

Complète l'histoire avec les mots choisis dans la liste suivante :

coraux, cohabiter, végétariens, épaulards, jais, intentions, monstre, atoll, s'attaquer, plancton, distingués, proies, algues.

Sur le chemin de retour à Palichoulikoula, Jonas et Barnaby rencontrent deux jeunes_____ qui sont fascinés par Jonas.

– Que tu es beau, lui disent-ils.

– Eh bien, leur répond Jonas, il n'y a pas si longtemps, j'étais noir comme du _____ et tout le monde me prenait pour un _____ mangeur d'hommes alors que j'étais rempli de bonnes _____.

– Peux-tu nous dire comment tu as fait ?

– Si cela peut vous faire plaisir, dit Barnaby, nous vous invitons à nous suivre à Palichoulikoula, mais là vous allez devoir être presque _____, vous y mangerez du _____ ou des algues. Palichoulikoula est un _____ pacifique où plusieurs espèces_____ sans jamais _____ les unes aux autres.

Nos deux amis sont un peu hésitants. Pour devenir beaux et_____ comme Jonas, ils doivent aller loin et se priver de leurs_____ habituelles. Ils se mettent à réfléchir et décident de partir à l'aventure. Les voilà sur le chemin de Palichoulikoula.

Ils n'ont jamais rien vu d'aussi beau, des poissons aux couleurs phosphorescentes, des _____ s'épanouissant telles des fleurs et des _____ à profusion... Et ils éprouvent l'envie de rester avec Jonas et Barnaby.

JEUX

Tempête sur les mots

Voici quelques noms de poissons ou d'animaux marins dont les lettres ont été mélangées. Peux-tu les retrouver?

ex.: E P R E V I U   PIEUVRE

HE Q O P U   _____

D E P U R A A L   _____

T R E N E P S   _____

R E O U M   _____

Pour ne pas être muet comme une carpe

Sais-tu ce que veulent dire les locutions suivantes?

1. Boire la tasse
   a) manquer de se noyer
   b) avoir très soif
   c) boire dans une tasse au lieu d'un biberon

2. Comme un poisson dans l'eau
   a) nager comme un poisson
   b) être à son aise, tout à fait bien
   c) se noyer

3. Une goutte d'eau dans la mer
   a) être seul devant l'immensité de la mer
   b) une chose très insuffisante
   c) une association de deux choses dont l'une est très petite et l'autre très grande.

4. Être muet comme une carpe
   a) avoir perdu l'usage de la parole
   b) avoir la bouche fermée
   c) ne pas dire un mot

Le mot caché

Dans le carré suivant, tu trouveras des noms de poissons d'eau douce et d'eau de mer, des gros et des petits ; certains sont carnivores et d'autres peuvent leur servir de proie.

Une lettre peut se retrouver plus d'une fois. Les mots à découvrir sont dans le sens horizontal ou dans le sens vertical. Les dix lettres qui resteront formeront le nom d'un poisson très original qui nage en position verticale. À toi de le découvrir.

- Mulet
- Béluga
- Orque
- Éperlan
- Carpe
- Thon
- Truite
- Serpent
- Barracuda
- Pieuvre
- Murène
- Rémora
- Saumon
- Goberge
- Bar
- Plie
- Requin

M	B	E	P	N	I	U	Q	E	R
U	E	P	I	E	U	V	R	E	A
L	L	L	E	P	E	R	L	A	N
E	U	I	U	T	R	U	I	T	E
T	G	E	Q	P	P	M	O	C	G
B	A	R	R	A	C	U	D	A	R
A	T	H	O	N	■	R	I	R	E
R	T	N	E	P	R	E	S	P	B
R	E	M	O	R	A	N	C	E	O
N	O	M	U	A	S	E	M	H	G

Les lettres qui restent sont : _____

Le mot caché est :_____

Le voyage de retour à Palichoulikoula

Jonas et Barnaby, après ce beau voyage au pays des hommes, ont décidé de retourner vivre à Palichoulikoula. Mais voilà qu'ivres de joie, ils ont de la difficulté à retrouver leur chemin.

Essaie de les guider à travers ce labyrinthe.

DÉPART

PALICHOULIKOULA

D'AUTRES BELLES HISTOIRES D'ANIMAUX D'ICI ET D'AILLEURS

Nous et les animaux des contes, des fables ou du cinéma...

À quelles histoires te font penser les animaux suivants :

1. Un loup

2. Une baleine blanche

3. Un requin noir à la gueule grande ouverte

4. Une tortue

5. Une souris

Les Solutions

Jonas sait voyager; et toi?

1. Vrai
2. Faux, le cap Horn se trouve au Chili en Amérique du Sud.
3. Vrai
4. Vrai
5. Faux, le Sénégal se trouve en Afrique.

Des mots utiles

1. c ; 2. a ; 3. c ; 4. a ; 5. b

Dix-huit questions pour arriver à Palichoulikoula

1. Le loup, le requin
2. Les squales
3. Ils remontent à la surface et font des spectacles.
4. Les hommes les capturent pour les mettre dans les «Marinelands».
5. C'est un zoo marin.
6. Non, mais il en mangerait quand même pour leur faire plaisir.
7. Ils ont essayé de le tuer avec un harpon.
8. Ils avaient trop peur de lui.
9. Barnaby est le rémora de Jonas.
10. Il a voulu emmener Jonas à Palichoulikoula car son arrière-grand-père lui disait souvent d'y aller lorsqu'il aurait de la peine.
11. On trouve du plancton en abondance.
12. Les coraux
13. Il était blanc.
14. Ils viennent à lui sans crainte.
15. Ils ont voulu savoir si les humains allaient encore avoir peur de Jonas.

16. Ils étaient émerveillés et n'avaient pas peur du tout.

17. Non, certaines personnes pensaient qu'il était quand même un requin.

18. Non, ils n'aimeraient pas aller dans un «Marineland ».

Que tu es beau, Jonas !

épaulards – jais – monstre – intentions – végétariens – plancton – atoll – cohabitent – s'attaquer – distingués – proies – coraux – algues

Tempête sur les mots

1. Pieuvre, phoque, épaulard, serpent, morue

Pour ne pas être muet comme une carpe

Boire la tasse : manquer de se noyer

Comme poisson dans l'eau : être à son aise, tout à fait bien

Une goutte d'eau dans la mer : une chose très insuffisante

Être muet comme une carpe : ne pas dire un mot

Le mot caché

Le mot caché est **hippocampe**

M	B	**E**	**P**	N	I	U	Q	E	R
U	E	P	I	E	U	V	R	E	**A**
L	L	L	E	P	E	R	L	A	N
E	U	I	U	T	R	U	I	T	E
T	G	E	Q	**P**	**P**	M	**O**	C	G
B	A	R	R	A	C	U	D	A	R
A	T	H	O	N	■	R	**I**	R	E
R	T	N	E	P	R	E	S	P	B
R	E	M	O	R	A	N	**C**	E	O
N	O	M	U	A	S	E	**M**	**H**	G

Nous et les animaux des contes, des fables ou du cinéma...

1. Le petit chaperon rouge
   Le loup et l'agneau de La Fontaine
   Pierre et le loup
2. Moby Dick
3. Jaws ou « les dents de la mer »
4. Le lièvre et la tortue de La Fontaine
5. Mickey Mouse

Dans la même collection

* Texte également enregistré sur cassette.